# THIS INVENTORY LOG BELONGS TO:

_____

_____

# INVENTORY LOGBOOK

Sheet No. _____ Counted By: _____ Date: _____

| ITEM NO | ITEM DESCRIPTION | LOCATION | QUANTITY |
|---------|------------------|----------|----------|
|         |                  |          |          |
|         |                  |          |          |
|         |                  |          |          |
|         |                  |          |          |
|         |                  |          |          |
|         |                  |          |          |
|         |                  |          |          |
|         |                  |          |          |
|         |                  |          |          |
|         |                  |          |          |
|         |                  |          |          |
|         |                  |          |          |
|         |                  |          |          |
|         |                  |          |          |
|         |                  |          |          |
|         |                  |          |          |
|         |                  |          |          |
|         |                  |          |          |
|         |                  |          |          |
|         |                  |          |          |
|         |                  |          |          |
|         |                  |          |          |
|         |                  |          |          |
|         |                  |          |          |
|         |                  |          |          |
|         |                  |          |          |

# INVENTORY LOGBOOK

Sheet No. _____ Counted By: _____ Date: _____

| ITEM NO | ITEM DESCRIPTION | LOCATION | QUANTITY |
|---------|------------------|----------|----------|
|         |                  |          |          |
|         |                  |          |          |
|         |                  |          |          |
|         |                  |          |          |
|         |                  |          |          |
|         |                  |          |          |
|         |                  |          |          |
|         |                  |          |          |
|         |                  |          |          |
|         |                  |          |          |
|         |                  |          |          |
|         |                  |          |          |
|         |                  |          |          |
|         |                  |          |          |
|         |                  |          |          |
|         |                  |          |          |
|         |                  |          |          |
|         |                  |          |          |
|         |                  |          |          |
|         |                  |          |          |
|         |                  |          |          |
|         |                  |          |          |
|         |                  |          |          |
|         |                  |          |          |
|         |                  |          |          |

# INVENTORY LOGBOOK

Sheet No. _____ Counted By: _____ Date: _____

| ITEM NO | ITEM DESCRIPTION | LOCATION | QUANTITY |
|---|---|---|---|
| | | | |
| | | | |
| | | | |
| | | | |
| | | | |
| | | | |
| | | | |
| | | | |
| | | | |
| | | | |
| | | | |
| | | | |
| | | | |
| | | | |
| | | | |
| | | | |
| | | | |
| | | | |
| | | | |
| | | | |
| | | | |
| | | | |
| | | | |
| | | | |
| | | | |
| | | | |
| | | | |

# INVENTORY LOGBOOK

Sheet No. _____ Counted By: _____ Date: _____

| ITEM NO | ITEM DESCRIPTION | LOCATION | QUANTITY |
|---------|------------------|----------|----------|
|         |                  |          |          |
|         |                  |          |          |
|         |                  |          |          |
|         |                  |          |          |
|         |                  |          |          |
|         |                  |          |          |
|         |                  |          |          |
|         |                  |          |          |
|         |                  |          |          |
|         |                  |          |          |
|         |                  |          |          |
|         |                  |          |          |
|         |                  |          |          |
|         |                  |          |          |
|         |                  |          |          |
|         |                  |          |          |
|         |                  |          |          |
|         |                  |          |          |
|         |                  |          |          |
|         |                  |          |          |
|         |                  |          |          |
|         |                  |          |          |
|         |                  |          |          |
|         |                  |          |          |
|         |                  |          |          |
|         |                  |          |          |

# INVENTORY LOGBOOK

Sheet No. _____ Counted By: _____ Date: _____

| ITEM NO | ITEM DESCRIPTION | LOCATION | QUANTITY |
|---|---|---|---|
|  |  |  |  |
|  |  |  |  |
|  |  |  |  |
|  |  |  |  |
|  |  |  |  |
|  |  |  |  |
|  |  |  |  |
|  |  |  |  |
|  |  |  |  |
|  |  |  |  |
|  |  |  |  |
|  |  |  |  |
|  |  |  |  |
|  |  |  |  |
|  |  |  |  |
|  |  |  |  |
|  |  |  |  |
|  |  |  |  |
|  |  |  |  |
|  |  |  |  |
|  |  |  |  |
|  |  |  |  |
|  |  |  |  |
|  |  |  |  |
|  |  |  |  |

# INVENTORY LOGBOOK

Sheet No. _____ Counted By: _____ Date: _____

| ITEM NO | ITEM DESCRIPTION | LOCATION | QUANTITY |
|---------|------------------|----------|----------|
|         |                  |          |          |
|         |                  |          |          |
|         |                  |          |          |
|         |                  |          |          |
|         |                  |          |          |
|         |                  |          |          |
|         |                  |          |          |
|         |                  |          |          |
|         |                  |          |          |
|         |                  |          |          |
|         |                  |          |          |
|         |                  |          |          |
|         |                  |          |          |
|         |                  |          |          |
|         |                  |          |          |
|         |                  |          |          |
|         |                  |          |          |
|         |                  |          |          |
|         |                  |          |          |
|         |                  |          |          |
|         |                  |          |          |
|         |                  |          |          |
|         |                  |          |          |
|         |                  |          |          |
|         |                  |          |          |
|         |                  |          |          |

# INVENTORY LOGBOOK

Sheet No. _____ Counted By: _____ Date: _____

| ITEM NO | ITEM DESCRIPTION | LOCATION | QUANTITY |
|---------|------------------|----------|----------|
|         |                  |          |          |
|         |                  |          |          |
|         |                  |          |          |
|         |                  |          |          |
|         |                  |          |          |
|         |                  |          |          |
|         |                  |          |          |
|         |                  |          |          |
|         |                  |          |          |
|         |                  |          |          |
|         |                  |          |          |
|         |                  |          |          |
|         |                  |          |          |
|         |                  |          |          |
|         |                  |          |          |
|         |                  |          |          |
|         |                  |          |          |
|         |                  |          |          |
|         |                  |          |          |
|         |                  |          |          |
|         |                  |          |          |
|         |                  |          |          |
|         |                  |          |          |
|         |                  |          |          |
|         |                  |          |          |
|         |                  |          |          |
|         |                  |          |          |
|         |                  |          |          |

# INVENTORY LOGBOOK

Sheet No. _____ Counted By: _____ Date: _____

| ITEM NO | ITEM DESCRIPTION | LOCATION | QUANTITY |
|---------|------------------|----------|----------|
|  |  |  |  |
|  |  |  |  |
|  |  |  |  |
|  |  |  |  |
|  |  |  |  |
|  |  |  |  |
|  |  |  |  |
|  |  |  |  |
|  |  |  |  |
|  |  |  |  |
|  |  |  |  |
|  |  |  |  |
|  |  |  |  |
|  |  |  |  |
|  |  |  |  |
|  |  |  |  |
|  |  |  |  |
|  |  |  |  |
|  |  |  |  |
|  |  |  |  |
|  |  |  |  |
|  |  |  |  |
|  |  |  |  |
|  |  |  |  |
|  |  |  |  |

# INVENTORY LOGBOOK

Sheet No. _____ Counted By: _____ Date: _____

| ITEM NO | ITEM DESCRIPTION | LOCATION | QUANTITY |
|---------|------------------|----------|----------|
| | | | |
| | | | |
| | | | |
| | | | |
| | | | |
| | | | |
| | | | |
| | | | |
| | | | |
| | | | |
| | | | |
| | | | |
| | | | |
| | | | |
| | | | |
| | | | |
| | | | |
| | | | |
| | | | |
| | | | |
| | | | |
| | | | |
| | | | |
| | | | |
| | | | |
| | | | |

# INVENTORY LOGBOOK

Sheet No. _____ Counted By: _____ Date: _____

| ITEM NO | ITEM DESCRIPTION | LOCATION | QUANTITY |
|---|---|---|---|
| | | | |
| | | | |
| | | | |
| | | | |
| | | | |
| | | | |
| | | | |
| | | | |
| | | | |
| | | | |
| | | | |
| | | | |
| | | | |
| | | | |
| | | | |
| | | | |
| | | | |
| | | | |
| | | | |
| | | | |
| | | | |
| | | | |
| | | | |
| | | | |
| | | | |
| | | | |
| | | | |
| | | | |

# INVENTORY LOGBOOK

Sheet No. _____ Counted By: _____ Date: _____

| ITEM NO | ITEM DESCRIPTION | LOCATION | QUANTITY |
|---|---|---|---|
| | | | |
| | | | |
| | | | |
| | | | |
| | | | |
| | | | |
| | | | |
| | | | |
| | | | |
| | | | |
| | | | |
| | | | |
| | | | |
| | | | |
| | | | |
| | | | |
| | | | |
| | | | |
| | | | |
| | | | |
| | | | |
| | | | |
| | | | |
| | | | |
| | | | |

# INVENTORY LOGBOOK

Sheet No. _____ Counted By: _____ Date: _____

| ITEM NO | ITEM DESCRIPTION | LOCATION | QUANTITY |
|---------|------------------|----------|----------|
|  |  |  |  |
|  |  |  |  |
|  |  |  |  |
|  |  |  |  |
|  |  |  |  |
|  |  |  |  |
|  |  |  |  |
|  |  |  |  |
|  |  |  |  |
|  |  |  |  |
|  |  |  |  |
|  |  |  |  |
|  |  |  |  |
|  |  |  |  |
|  |  |  |  |
|  |  |  |  |
|  |  |  |  |
|  |  |  |  |
|  |  |  |  |
|  |  |  |  |
|  |  |  |  |
|  |  |  |  |
|  |  |  |  |
|  |  |  |  |
|  |  |  |  |

# INVENTORY LOGBOOK

Sheet No. _____ Counted By: _____ Date: _____

| ITEM NO | ITEM DESCRIPTION | LOCATION | QUANTITY |
|---|---|---|---|
| | | | |
| | | | |
| | | | |
| | | | |
| | | | |
| | | | |
| | | | |
| | | | |
| | | | |
| | | | |
| | | | |
| | | | |
| | | | |
| | | | |
| | | | |
| | | | |
| | | | |
| | | | |
| | | | |
| | | | |
| | | | |
| | | | |
| | | | |
| | | | |
| | | | |
| | | | |
| | | | |
| | | | |

# INVENTORY LOGBOOK

Sheet No. _____ Counted By: _____ Date: _____

| ITEM NO | ITEM DESCRIPTION | LOCATION | QUANTITY |
|---|---|---|---|
| | | | |
| | | | |
| | | | |
| | | | |
| | | | |
| | | | |
| | | | |
| | | | |
| | | | |
| | | | |
| | | | |
| | | | |
| | | | |
| | | | |
| | | | |
| | | | |
| | | | |
| | | | |
| | | | |
| | | | |
| | | | |
| | | | |
| | | | |
| | | | |
| | | | |
| | | | |
| | | | |
| | | | |

# INVENTORY LOGBOOK

Sheet No. _____ Counted By: _____ Date: _____

| ITEM NO | ITEM DESCRIPTION | LOCATION | QUANTITY |
|---|---|---|---|
| | | | |
| | | | |
| | | | |
| | | | |
| | | | |
| | | | |
| | | | |
| | | | |
| | | | |
| | | | |
| | | | |
| | | | |
| | | | |
| | | | |
| | | | |
| | | | |
| | | | |
| | | | |
| | | | |
| | | | |
| | | | |
| | | | |
| | | | |
| | | | |
| | | | |
| | | | |

# INVENTORY LOGBOOK

Sheet No. _____ Counted By: _____ Date: _____

| ITEM NO | ITEM DESCRIPTION | LOCATION | QUANTITY |
|---|---|---|---|
| | | | |
| | | | |
| | | | |
| | | | |
| | | | |
| | | | |
| | | | |
| | | | |
| | | | |
| | | | |
| | | | |
| | | | |
| | | | |
| | | | |
| | | | |
| | | | |
| | | | |
| | | | |
| | | | |
| | | | |
| | | | |
| | | | |
| | | | |
| | | | |
| | | | |

# INVENTORY LOGBOOK

Sheet No. _____ Counted By: _____ Date: _____

| ITEM NO | ITEM DESCRIPTION | LOCATION | QUANTITY |
|---------|------------------|----------|----------|
|         |                  |          |          |
|         |                  |          |          |
|         |                  |          |          |
|         |                  |          |          |
|         |                  |          |          |
|         |                  |          |          |
|         |                  |          |          |
|         |                  |          |          |
|         |                  |          |          |
|         |                  |          |          |
|         |                  |          |          |
|         |                  |          |          |
|         |                  |          |          |
|         |                  |          |          |
|         |                  |          |          |
|         |                  |          |          |
|         |                  |          |          |
|         |                  |          |          |
|         |                  |          |          |
|         |                  |          |          |
|         |                  |          |          |
|         |                  |          |          |
|         |                  |          |          |
|         |                  |          |          |
|         |                  |          |          |
|         |                  |          |          |

# INVENTORY LOGBOOK

Sheet No. _____ Counted By: _____ Date: _____

| ITEM NO | ITEM DESCRIPTION | LOCATION | QUANTITY |
|---|---|---|---|
| | | | |
| | | | |
| | | | |
| | | | |
| | | | |
| | | | |
| | | | |
| | | | |
| | | | |
| | | | |
| | | | |
| | | | |
| | | | |
| | | | |
| | | | |
| | | | |
| | | | |
| | | | |
| | | | |
| | | | |
| | | | |
| | | | |
| | | | |
| | | | |
| | | | |

# INVENTORY LOGBOOK

Sheet No. _____ Counted By: _____ Date: _____

| ITEM NO | ITEM DESCRIPTION | LOCATION | QUANTITY |
|---------|------------------|----------|----------|
|         |                  |          |          |
|         |                  |          |          |
|         |                  |          |          |
|         |                  |          |          |
|         |                  |          |          |
|         |                  |          |          |
|         |                  |          |          |
|         |                  |          |          |
|         |                  |          |          |
|         |                  |          |          |
|         |                  |          |          |
|         |                  |          |          |
|         |                  |          |          |
|         |                  |          |          |
|         |                  |          |          |
|         |                  |          |          |
|         |                  |          |          |
|         |                  |          |          |
|         |                  |          |          |
|         |                  |          |          |
|         |                  |          |          |
|         |                  |          |          |
|         |                  |          |          |
|         |                  |          |          |
|         |                  |          |          |
|         |                  |          |          |
|         |                  |          |          |

# INVENTORY LOGBOOK

Sheet No. _____ Counted By: _____ Date: _____

| ITEM NO | ITEM DESCRIPTION | LOCATION | QUANTITY |
|---------|------------------|----------|----------|
|         |                  |          |          |
|         |                  |          |          |
|         |                  |          |          |
|         |                  |          |          |
|         |                  |          |          |
|         |                  |          |          |
|         |                  |          |          |
|         |                  |          |          |
|         |                  |          |          |
|         |                  |          |          |
|         |                  |          |          |
|         |                  |          |          |
|         |                  |          |          |
|         |                  |          |          |
|         |                  |          |          |
|         |                  |          |          |
|         |                  |          |          |
|         |                  |          |          |
|         |                  |          |          |
|         |                  |          |          |
|         |                  |          |          |
|         |                  |          |          |
|         |                  |          |          |
|         |                  |          |          |
|         |                  |          |          |
|         |                  |          |          |

# INVENTORY LOGBOOK

Sheet No. _____ Counted By: _____ Date: _____

| ITEM NO | ITEM DESCRIPTION | LOCATION | QUANTITY |
|---------|------------------|----------|----------|
|         |                  |          |          |
|         |                  |          |          |
|         |                  |          |          |
|         |                  |          |          |
|         |                  |          |          |
|         |                  |          |          |
|         |                  |          |          |
|         |                  |          |          |
|         |                  |          |          |
|         |                  |          |          |
|         |                  |          |          |
|         |                  |          |          |
|         |                  |          |          |
|         |                  |          |          |
|         |                  |          |          |
|         |                  |          |          |
|         |                  |          |          |
|         |                  |          |          |
|         |                  |          |          |
|         |                  |          |          |
|         |                  |          |          |
|         |                  |          |          |
|         |                  |          |          |
|         |                  |          |          |
|         |                  |          |          |
|         |                  |          |          |

# INVENTORY LOGBOOK

Sheet No. _____ Counted By: _____ Date: _____

| ITEM NO | ITEM DESCRIPTION | LOCATION | QUANTITY |
|---|---|---|---|
| | | | |
| | | | |
| | | | |
| | | | |
| | | | |
| | | | |
| | | | |
| | | | |
| | | | |
| | | | |
| | | | |
| | | | |
| | | | |
| | | | |
| | | | |
| | | | |
| | | | |
| | | | |
| | | | |
| | | | |
| | | | |
| | | | |
| | | | |
| | | | |
| | | | |
| | | | |

# INVENTORY LOGBOOK

Sheet No. _____ Counted By: _____ Date: _____

| ITEM NO | ITEM DESCRIPTION | LOCATION | QUANTITY |
|---|---|---|---|
| | | | |
| | | | |
| | | | |
| | | | |
| | | | |
| | | | |
| | | | |
| | | | |
| | | | |
| | | | |
| | | | |
| | | | |
| | | | |
| | | | |
| | | | |
| | | | |
| | | | |
| | | | |
| | | | |
| | | | |
| | | | |
| | | | |
| | | | |
| | | | |
| | | | |

# INVENTORY LOGBOOK

Sheet No. _____ Counted By: _____ Date: _____

| ITEM NO | ITEM DESCRIPTION | LOCATION | QUANTITY |
|---------|------------------|----------|----------|
|         |                  |          |          |
|         |                  |          |          |
|         |                  |          |          |
|         |                  |          |          |
|         |                  |          |          |
|         |                  |          |          |
|         |                  |          |          |
|         |                  |          |          |
|         |                  |          |          |
|         |                  |          |          |
|         |                  |          |          |
|         |                  |          |          |
|         |                  |          |          |
|         |                  |          |          |
|         |                  |          |          |
|         |                  |          |          |
|         |                  |          |          |
|         |                  |          |          |
|         |                  |          |          |
|         |                  |          |          |
|         |                  |          |          |
|         |                  |          |          |
|         |                  |          |          |
|         |                  |          |          |
|         |                  |          |          |
|         |                  |          |          |
|         |                  |          |          |
|         |                  |          |          |
|         |                  |          |          |

# INVENTORY LOGBOOK

Sheet No. _____ Counted By: _____ Date: _____

| ITEM NO | ITEM DESCRIPTION | LOCATION | QUANTITY |
|---------|------------------|----------|----------|
|         |                  |          |          |
|         |                  |          |          |
|         |                  |          |          |
|         |                  |          |          |
|         |                  |          |          |
|         |                  |          |          |
|         |                  |          |          |
|         |                  |          |          |
|         |                  |          |          |
|         |                  |          |          |
|         |                  |          |          |
|         |                  |          |          |
|         |                  |          |          |
|         |                  |          |          |
|         |                  |          |          |
|         |                  |          |          |
|         |                  |          |          |
|         |                  |          |          |
|         |                  |          |          |
|         |                  |          |          |
|         |                  |          |          |
|         |                  |          |          |
|         |                  |          |          |
|         |                  |          |          |
|         |                  |          |          |
|         |                  |          |          |

# INVENTORY LOGBOOK

Sheet No. _____ Counted By: _____ Date: _____

| ITEM NO | ITEM DESCRIPTION | LOCATION | QUANTITY |
|---------|------------------|----------|----------|
|         |                  |          |          |
|         |                  |          |          |
|         |                  |          |          |
|         |                  |          |          |
|         |                  |          |          |
|         |                  |          |          |
|         |                  |          |          |
|         |                  |          |          |
|         |                  |          |          |
|         |                  |          |          |
|         |                  |          |          |
|         |                  |          |          |
|         |                  |          |          |
|         |                  |          |          |
|         |                  |          |          |
|         |                  |          |          |
|         |                  |          |          |
|         |                  |          |          |
|         |                  |          |          |
|         |                  |          |          |
|         |                  |          |          |
|         |                  |          |          |
|         |                  |          |          |
|         |                  |          |          |
|         |                  |          |          |

# INVENTORY LOGBOOK

Sheet No. _____ Counted By: _____ Date: _____

| ITEM NO | ITEM DESCRIPTION | LOCATION | QUANTITY |
|---|---|---|---|
| | | | |
| | | | |
| | | | |
| | | | |
| | | | |
| | | | |
| | | | |
| | | | |
| | | | |
| | | | |
| | | | |
| | | | |
| | | | |
| | | | |
| | | | |
| | | | |
| | | | |
| | | | |
| | | | |
| | | | |
| | | | |
| | | | |
| | | | |
| | | | |
| | | | |

# INVENTORY LOGBOOK

Sheet No. _____ Counted By: _____ Date: _____

| ITEM NO | ITEM DESCRIPTION | LOCATION | QUANTITY |
|---------|------------------|----------|----------|
|         |                  |          |          |
|         |                  |          |          |
|         |                  |          |          |
|         |                  |          |          |
|         |                  |          |          |
|         |                  |          |          |
|         |                  |          |          |
|         |                  |          |          |
|         |                  |          |          |
|         |                  |          |          |
|         |                  |          |          |
|         |                  |          |          |
|         |                  |          |          |
|         |                  |          |          |
|         |                  |          |          |
|         |                  |          |          |
|         |                  |          |          |
|         |                  |          |          |
|         |                  |          |          |
|         |                  |          |          |
|         |                  |          |          |
|         |                  |          |          |
|         |                  |          |          |
|         |                  |          |          |
|         |                  |          |          |

# INVENTORY LOGBOOK

Sheet No. _____ Counted By: _____ Date: _____

| ITEM NO | ITEM DESCRIPTION | LOCATION | QUANTITY |
|---|---|---|---|
| | | | |
| | | | |
| | | | |
| | | | |
| | | | |
| | | | |
| | | | |
| | | | |
| | | | |
| | | | |
| | | | |
| | | | |
| | | | |
| | | | |
| | | | |
| | | | |
| | | | |
| | | | |
| | | | |
| | | | |
| | | | |
| | | | |
| | | | |
| | | | |
| | | | |
| | | | |

# INVENTORY LOGBOOK

Sheet No. _____ Counted By: _____ Date: _____

| ITEM NO | ITEM DESCRIPTION | LOCATION | QUANTITY |
|---|---|---|---|
| | | | |
| | | | |
| | | | |
| | | | |
| | | | |
| | | | |
| | | | |
| | | | |
| | | | |
| | | | |
| | | | |
| | | | |
| | | | |
| | | | |
| | | | |
| | | | |
| | | | |
| | | | |
| | | | |
| | | | |
| | | | |
| | | | |
| | | | |
| | | | |
| | | | |
| | | | |
| | | | |
| | | | |
| | | | |

# INVENTORY LOGBOOK

Sheet No. _____ Counted By: _____ Date: _____

| ITEM NO | ITEM DESCRIPTION | LOCATION | QUANTITY |
|---|---|---|---|
| | | | |
| | | | |
| | | | |
| | | | |
| | | | |
| | | | |
| | | | |
| | | | |
| | | | |
| | | | |
| | | | |
| | | | |
| | | | |
| | | | |
| | | | |
| | | | |
| | | | |
| | | | |
| | | | |
| | | | |
| | | | |
| | | | |
| | | | |
| | | | |
| | | | |
| | | | |

# INVENTORY LOGBOOK

Sheet No. _____ Counted By: _____ Date: _____

| ITEM NO | ITEM DESCRIPTION | LOCATION | QUANTITY |
|---------|------------------|----------|----------|
|         |                  |          |          |
|         |                  |          |          |
|         |                  |          |          |
|         |                  |          |          |
|         |                  |          |          |
|         |                  |          |          |
|         |                  |          |          |
|         |                  |          |          |
|         |                  |          |          |
|         |                  |          |          |
|         |                  |          |          |
|         |                  |          |          |
|         |                  |          |          |
|         |                  |          |          |
|         |                  |          |          |
|         |                  |          |          |
|         |                  |          |          |
|         |                  |          |          |
|         |                  |          |          |
|         |                  |          |          |
|         |                  |          |          |
|         |                  |          |          |
|         |                  |          |          |
|         |                  |          |          |
|         |                  |          |          |
|         |                  |          |          |
|         |                  |          |          |
|         |                  |          |          |

# INVENTORY LOGBOOK

Sheet No. _____ Counted By: _____ Date: _____

| ITEM NO | ITEM DESCRIPTION | LOCATION | QUANTITY |
|---|---|---|---|
| | | | |
| | | | |
| | | | |
| | | | |
| | | | |
| | | | |
| | | | |
| | | | |
| | | | |
| | | | |
| | | | |
| | | | |
| | | | |
| | | | |
| | | | |
| | | | |
| | | | |
| | | | |
| | | | |
| | | | |
| | | | |
| | | | |
| | | | |
| | | | |
| | | | |
| | | | |

# INVENTORY LOGBOOK

Sheet No. _____ Counted By: _____ Date: _____

| ITEM NO | ITEM DESCRIPTION | LOCATION | QUANTITY |
|---------|------------------|----------|----------|
|         |                  |          |          |
|         |                  |          |          |
|         |                  |          |          |
|         |                  |          |          |
|         |                  |          |          |
|         |                  |          |          |
|         |                  |          |          |
|         |                  |          |          |
|         |                  |          |          |
|         |                  |          |          |
|         |                  |          |          |
|         |                  |          |          |
|         |                  |          |          |
|         |                  |          |          |
|         |                  |          |          |
|         |                  |          |          |
|         |                  |          |          |
|         |                  |          |          |
|         |                  |          |          |
|         |                  |          |          |
|         |                  |          |          |
|         |                  |          |          |
|         |                  |          |          |
|         |                  |          |          |
|         |                  |          |          |
|         |                  |          |          |

# INVENTORY LOGBOOK

Sheet No. _____ Counted By: _____ Date: _____

| ITEM NO | ITEM DESCRIPTION | LOCATION | QUANTITY |
|---------|------------------|----------|----------|
|         |                  |          |          |
|         |                  |          |          |
|         |                  |          |          |
|         |                  |          |          |
|         |                  |          |          |
|         |                  |          |          |
|         |                  |          |          |
|         |                  |          |          |
|         |                  |          |          |
|         |                  |          |          |
|         |                  |          |          |
|         |                  |          |          |
|         |                  |          |          |
|         |                  |          |          |
|         |                  |          |          |
|         |                  |          |          |
|         |                  |          |          |
|         |                  |          |          |
|         |                  |          |          |
|         |                  |          |          |
|         |                  |          |          |
|         |                  |          |          |
|         |                  |          |          |
|         |                  |          |          |
|         |                  |          |          |
|         |                  |          |          |

Sheet No. _____ Counted By: _____ Date: _____

# INVENTORY LOGBOOK

Sheet No. _____  Counted By: _____  Date: _____

| ITEM NO | ITEM DESCRIPTION | LOCATION | QUANTITY |
|---------|------------------|----------|----------|
|         |                  |          |          |
|         |                  |          |          |
|         |                  |          |          |
|         |                  |          |          |
|         |                  |          |          |
|         |                  |          |          |
|         |                  |          |          |
|         |                  |          |          |
|         |                  |          |          |
|         |                  |          |          |
|         |                  |          |          |
|         |                  |          |          |
|         |                  |          |          |
|         |                  |          |          |
|         |                  |          |          |
|         |                  |          |          |
|         |                  |          |          |
|         |                  |          |          |
|         |                  |          |          |
|         |                  |          |          |
|         |                  |          |          |
|         |                  |          |          |
|         |                  |          |          |
|         |                  |          |          |
|         |                  |          |          |
|         |                  |          |          |

# INVENTORY LOGBOOK

Sheet No. _____ Counted By: _____ Date: _____

| ITEM NO | ITEM DESCRIPTION | LOCATION | QUANTITY |
|---------|------------------|----------|----------|
|         |                  |          |          |
|         |                  |          |          |
|         |                  |          |          |
|         |                  |          |          |
|         |                  |          |          |
|         |                  |          |          |
|         |                  |          |          |
|         |                  |          |          |
|         |                  |          |          |
|         |                  |          |          |
|         |                  |          |          |
|         |                  |          |          |
|         |                  |          |          |
|         |                  |          |          |
|         |                  |          |          |
|         |                  |          |          |
|         |                  |          |          |
|         |                  |          |          |
|         |                  |          |          |
|         |                  |          |          |
|         |                  |          |          |
|         |                  |          |          |
|         |                  |          |          |
|         |                  |          |          |
|         |                  |          |          |
|         |                  |          |          |
|         |                  |          |          |
|         |                  |          |          |
|         |                  |          |          |
|         |                  |          |          |

# INVENTORY LOGBOOK

Sheet No. _____ Counted By: _____ Date: _____

| ITEM NO | ITEM DESCRIPTION | LOCATION | QUANTITY |
|---|---|---|---|
| | | | |
| | | | |
| | | | |
| | | | |
| | | | |
| | | | |
| | | | |
| | | | |
| | | | |
| | | | |
| | | | |
| | | | |
| | | | |
| | | | |
| | | | |
| | | | |
| | | | |
| | | | |
| | | | |
| | | | |
| | | | |
| | | | |
| | | | |
| | | | |
| | | | |
| | | | |
| | | | |
| | | | |

# INVENTORY LOGBOOK

Sheet No. _____ Counted By: _____ Date: _____

| ITEM NO | ITEM DESCRIPTION | LOCATION | QUANTITY |
|---|---|---|---|
| | | | |
| | | | |
| | | | |
| | | | |
| | | | |
| | | | |
| | | | |
| | | | |
| | | | |
| | | | |
| | | | |
| | | | |
| | | | |
| | | | |
| | | | |
| | | | |
| | | | |
| | | | |
| | | | |
| | | | |
| | | | |
| | | | |
| | | | |
| | | | |
| | | | |
| | | | |
| | | | |
| | | | |

# INVENTORY LOGBOOK

Sheet No. _____ Counted By: _____ Date: _____

| ITEM NO | ITEM DESCRIPTION | LOCATION | QUANTITY |
|---------|------------------|----------|----------|
|         |                  |          |          |
|         |                  |          |          |
|         |                  |          |          |
|         |                  |          |          |
|         |                  |          |          |
|         |                  |          |          |
|         |                  |          |          |
|         |                  |          |          |
|         |                  |          |          |
|         |                  |          |          |
|         |                  |          |          |
|         |                  |          |          |
|         |                  |          |          |
|         |                  |          |          |
|         |                  |          |          |
|         |                  |          |          |
|         |                  |          |          |
|         |                  |          |          |
|         |                  |          |          |
|         |                  |          |          |
|         |                  |          |          |
|         |                  |          |          |
|         |                  |          |          |
|         |                  |          |          |
|         |                  |          |          |
|         |                  |          |          |
|         |                  |          |          |

# INVENTORY LOGBOOK

Sheet No. _____ Counted By: _____ Date: _____

| ITEM NO | ITEM DESCRIPTION | LOCATION | QUANTITY |
|---------|------------------|----------|----------|
|         |                  |          |          |
|         |                  |          |          |
|         |                  |          |          |
|         |                  |          |          |
|         |                  |          |          |
|         |                  |          |          |
|         |                  |          |          |
|         |                  |          |          |
|         |                  |          |          |
|         |                  |          |          |
|         |                  |          |          |
|         |                  |          |          |
|         |                  |          |          |
|         |                  |          |          |
|         |                  |          |          |
|         |                  |          |          |
|         |                  |          |          |
|         |                  |          |          |
|         |                  |          |          |
|         |                  |          |          |
|         |                  |          |          |
|         |                  |          |          |
|         |                  |          |          |
|         |                  |          |          |
|         |                  |          |          |
|         |                  |          |          |

# INVENTORY LOGBOOK

Sheet No. _____ Counted By: _____ Date: _____

| ITEM NO | ITEM DESCRIPTION | LOCATION | QUANTITY |
|---------|------------------|----------|----------|
|         |                  |          |          |
|         |                  |          |          |
|         |                  |          |          |
|         |                  |          |          |
|         |                  |          |          |
|         |                  |          |          |
|         |                  |          |          |
|         |                  |          |          |
|         |                  |          |          |
|         |                  |          |          |
|         |                  |          |          |
|         |                  |          |          |
|         |                  |          |          |
|         |                  |          |          |
|         |                  |          |          |
|         |                  |          |          |
|         |                  |          |          |
|         |                  |          |          |
|         |                  |          |          |
|         |                  |          |          |
|         |                  |          |          |
|         |                  |          |          |
|         |                  |          |          |
|         |                  |          |          |
|         |                  |          |          |
|         |                  |          |          |

# INVENTORY LOGBOOK

Sheet No. _____ Counted By: _____ Date: _____

| ITEM NO | ITEM DESCRIPTION | LOCATION | QUANTITY |
|---------|------------------|----------|----------|
|         |                  |          |          |
|         |                  |          |          |
|         |                  |          |          |
|         |                  |          |          |
|         |                  |          |          |
|         |                  |          |          |
|         |                  |          |          |
|         |                  |          |          |
|         |                  |          |          |
|         |                  |          |          |
|         |                  |          |          |
|         |                  |          |          |
|         |                  |          |          |
|         |                  |          |          |
|         |                  |          |          |
|         |                  |          |          |
|         |                  |          |          |
|         |                  |          |          |
|         |                  |          |          |
|         |                  |          |          |
|         |                  |          |          |
|         |                  |          |          |
|         |                  |          |          |
|         |                  |          |          |
|         |                  |          |          |
|         |                  |          |          |
|         |                  |          |          |
|         |                  |          |          |

# INVENTORY LOGBOOK

Sheet No. _____ Counted By: _____ Date: _____

| ITEM NO | ITEM DESCRIPTION | LOCATION | QUANTITY |
|---|---|---|---|
| | | | |
| | | | |
| | | | |
| | | | |
| | | | |
| | | | |
| | | | |
| | | | |
| | | | |
| | | | |
| | | | |
| | | | |
| | | | |
| | | | |
| | | | |
| | | | |
| | | | |
| | | | |
| | | | |
| | | | |
| | | | |
| | | | |
| | | | |
| | | | |
| | | | |
| | | | |

# INVENTORY LOGBOOK

Sheet No. _____ Counted By: _____ Date: _____

| ITEM NO | ITEM DESCRIPTION | LOCATION | QUANTITY |
|---------|------------------|----------|----------|
|         |                  |          |          |
|         |                  |          |          |
|         |                  |          |          |
|         |                  |          |          |
|         |                  |          |          |
|         |                  |          |          |
|         |                  |          |          |
|         |                  |          |          |
|         |                  |          |          |
|         |                  |          |          |
|         |                  |          |          |
|         |                  |          |          |
|         |                  |          |          |
|         |                  |          |          |
|         |                  |          |          |
|         |                  |          |          |
|         |                  |          |          |
|         |                  |          |          |
|         |                  |          |          |
|         |                  |          |          |
|         |                  |          |          |
|         |                  |          |          |
|         |                  |          |          |
|         |                  |          |          |
|         |                  |          |          |
|         |                  |          |          |

# INVENTORY LOGBOOK

Sheet No. _____ Counted By: _____ Date: _____

| ITEM NO | ITEM DESCRIPTION | LOCATION | QUANTITY |
|---|---|---|---|
| | | | |
| | | | |
| | | | |
| | | | |
| | | | |
| | | | |
| | | | |
| | | | |
| | | | |
| | | | |
| | | | |
| | | | |
| | | | |
| | | | |
| | | | |
| | | | |
| | | | |
| | | | |
| | | | |
| | | | |
| | | | |
| | | | |
| | | | |
| | | | |
| | | | |

# INVENTORY LOGBOOK

Sheet No. _____ Counted By: _____ Date: _____

| ITEM NO | ITEM DESCRIPTION | LOCATION | QUANTITY |
|---------|------------------|----------|----------|
|         |                  |          |          |
|         |                  |          |          |
|         |                  |          |          |
|         |                  |          |          |
|         |                  |          |          |
|         |                  |          |          |
|         |                  |          |          |
|         |                  |          |          |
|         |                  |          |          |
|         |                  |          |          |
|         |                  |          |          |
|         |                  |          |          |
|         |                  |          |          |
|         |                  |          |          |
|         |                  |          |          |
|         |                  |          |          |
|         |                  |          |          |
|         |                  |          |          |
|         |                  |          |          |
|         |                  |          |          |
|         |                  |          |          |
|         |                  |          |          |
|         |                  |          |          |
|         |                  |          |          |
|         |                  |          |          |

# INVENTORY LOGBOOK

Sheet No. _____ Counted By: _____ Date: _____

| ITEM NO | ITEM DESCRIPTION | LOCATION | QUANTITY |
|---|---|---|---|
| | | | |
| | | | |
| | | | |
| | | | |
| | | | |
| | | | |
| | | | |
| | | | |
| | | | |
| | | | |
| | | | |
| | | | |
| | | | |
| | | | |
| | | | |
| | | | |
| | | | |
| | | | |
| | | | |
| | | | |
| | | | |
| | | | |
| | | | |
| | | | |
| | | | |
| | | | |
| | | | |
| | | | |

# INVENTORY LOGBOOK

Sheet No. _____ Counted By: _____ Date: _____

| ITEM NO | ITEM DESCRIPTION | LOCATION | QUANTITY |
|---------|------------------|----------|----------|
|         |                  |          |          |
|         |                  |          |          |
|         |                  |          |          |
|         |                  |          |          |
|         |                  |          |          |
|         |                  |          |          |
|         |                  |          |          |
|         |                  |          |          |
|         |                  |          |          |
|         |                  |          |          |
|         |                  |          |          |
|         |                  |          |          |
|         |                  |          |          |
|         |                  |          |          |
|         |                  |          |          |
|         |                  |          |          |
|         |                  |          |          |
|         |                  |          |          |
|         |                  |          |          |
|         |                  |          |          |
|         |                  |          |          |
|         |                  |          |          |
|         |                  |          |          |
|         |                  |          |          |
|         |                  |          |          |
|         |                  |          |          |
|         |                  |          |          |
|         |                  |          |          |

# INVENTORY LOGBOOK

Sheet No. _____ Counted By: _____ Date: _____

| ITEM NO | ITEM DESCRIPTION | LOCATION | QUANTITY |
|---------|------------------|----------|----------|
|         |                  |          |          |
|         |                  |          |          |
|         |                  |          |          |
|         |                  |          |          |
|         |                  |          |          |
|         |                  |          |          |
|         |                  |          |          |
|         |                  |          |          |
|         |                  |          |          |
|         |                  |          |          |
|         |                  |          |          |
|         |                  |          |          |
|         |                  |          |          |
|         |                  |          |          |
|         |                  |          |          |
|         |                  |          |          |
|         |                  |          |          |
|         |                  |          |          |
|         |                  |          |          |
|         |                  |          |          |
|         |                  |          |          |
|         |                  |          |          |
|         |                  |          |          |
|         |                  |          |          |
|         |                  |          |          |
|         |                  |          |          |

# INVENTORY LOGBOOK

Sheet No. _____ Counted By: _____ Date: _____

| ITEM NO | ITEM DESCRIPTION | LOCATION | QUANTITY |
|---|---|---|---|
| | | | |
| | | | |
| | | | |
| | | | |
| | | | |
| | | | |
| | | | |
| | | | |
| | | | |
| | | | |
| | | | |
| | | | |
| | | | |
| | | | |
| | | | |
| | | | |
| | | | |
| | | | |
| | | | |
| | | | |
| | | | |
| | | | |
| | | | |
| | | | |
| | | | |
| | | | |

# INVENTORY LOGBOOK

Sheet No. _____ Counted By: _____ Date: _____

| ITEM NO | ITEM DESCRIPTION | LOCATION | QUANTITY |
|---------|------------------|----------|----------|
|         |                  |          |          |
|         |                  |          |          |
|         |                  |          |          |
|         |                  |          |          |
|         |                  |          |          |
|         |                  |          |          |
|         |                  |          |          |
|         |                  |          |          |
|         |                  |          |          |
|         |                  |          |          |
|         |                  |          |          |
|         |                  |          |          |
|         |                  |          |          |
|         |                  |          |          |
|         |                  |          |          |
|         |                  |          |          |
|         |                  |          |          |
|         |                  |          |          |
|         |                  |          |          |
|         |                  |          |          |
|         |                  |          |          |
|         |                  |          |          |
|         |                  |          |          |
|         |                  |          |          |
|         |                  |          |          |

# INVENTORY LOGBOOK

Sheet No. _____  Counted By: _____  Date: _____

| ITEM NO | ITEM DESCRIPTION | LOCATION | QUANTITY |
|---------|------------------|----------|----------|
|         |                  |          |          |
|         |                  |          |          |
|         |                  |          |          |
|         |                  |          |          |
|         |                  |          |          |
|         |                  |          |          |
|         |                  |          |          |
|         |                  |          |          |
|         |                  |          |          |
|         |                  |          |          |
|         |                  |          |          |
|         |                  |          |          |
|         |                  |          |          |
|         |                  |          |          |
|         |                  |          |          |
|         |                  |          |          |
|         |                  |          |          |
|         |                  |          |          |
|         |                  |          |          |
|         |                  |          |          |
|         |                  |          |          |
|         |                  |          |          |
|         |                  |          |          |
|         |                  |          |          |
|         |                  |          |          |
|         |                  |          |          |
|         |                  |          |          |
|         |                  |          |          |

# INVENTORY LOGBOOK

Sheet No. _____ Counted By: _____ Date: _____

| ITEM NO | ITEM DESCRIPTION | LOCATION | QUANTITY |
|---------|------------------|----------|----------|
|         |                  |          |          |
|         |                  |          |          |
|         |                  |          |          |
|         |                  |          |          |
|         |                  |          |          |
|         |                  |          |          |
|         |                  |          |          |
|         |                  |          |          |
|         |                  |          |          |
|         |                  |          |          |
|         |                  |          |          |
|         |                  |          |          |
|         |                  |          |          |
|         |                  |          |          |
|         |                  |          |          |
|         |                  |          |          |
|         |                  |          |          |
|         |                  |          |          |
|         |                  |          |          |
|         |                  |          |          |
|         |                  |          |          |
|         |                  |          |          |
|         |                  |          |          |
|         |                  |          |          |
|         |                  |          |          |

# INVENTORY LOGBOOK

Sheet No. _____ Counted By: _____ Date: _____

| ITEM NO | ITEM DESCRIPTION | LOCATION | QUANTITY |
|---------|------------------|----------|----------|
|         |                  |          |          |
|         |                  |          |          |
|         |                  |          |          |
|         |                  |          |          |
|         |                  |          |          |
|         |                  |          |          |
|         |                  |          |          |
|         |                  |          |          |
|         |                  |          |          |
|         |                  |          |          |
|         |                  |          |          |
|         |                  |          |          |
|         |                  |          |          |
|         |                  |          |          |
|         |                  |          |          |
|         |                  |          |          |
|         |                  |          |          |
|         |                  |          |          |
|         |                  |          |          |
|         |                  |          |          |
|         |                  |          |          |
|         |                  |          |          |
|         |                  |          |          |
|         |                  |          |          |
|         |                  |          |          |
|         |                  |          |          |
|         |                  |          |          |
|         |                  |          |          |

# INVENTORY LOGBOOK

Sheet No. _____ Counted By: _____ Date: _____

| ITEM NO | ITEM DESCRIPTION | LOCATION | QUANTITY |
|---------|------------------|----------|----------|
|         |                  |          |          |
|         |                  |          |          |
|         |                  |          |          |
|         |                  |          |          |
|         |                  |          |          |
|         |                  |          |          |
|         |                  |          |          |
|         |                  |          |          |
|         |                  |          |          |
|         |                  |          |          |
|         |                  |          |          |
|         |                  |          |          |
|         |                  |          |          |
|         |                  |          |          |
|         |                  |          |          |
|         |                  |          |          |
|         |                  |          |          |
|         |                  |          |          |
|         |                  |          |          |
|         |                  |          |          |
|         |                  |          |          |
|         |                  |          |          |
|         |                  |          |          |
|         |                  |          |          |
|         |                  |          |          |

# INVENTORY LOGBOOK

Sheet No. _____ Counted By: _____ Date: _____

| ITEM NO | ITEM DESCRIPTION | LOCATION | QUANTITY |
|---|---|---|---|
| | | | |
| | | | |
| | | | |
| | | | |
| | | | |
| | | | |
| | | | |
| | | | |
| | | | |
| | | | |
| | | | |
| | | | |
| | | | |
| | | | |
| | | | |
| | | | |
| | | | |
| | | | |
| | | | |
| | | | |
| | | | |
| | | | |
| | | | |
| | | | |
| | | | |
| | | | |

# INVENTORY LOGBOOK

Sheet No. _____ Counted By: _____ Date: _____

| ITEM NO | ITEM DESCRIPTION | LOCATION | QUANTITY |
|---------|------------------|----------|----------|
|         |                  |          |          |
|         |                  |          |          |
|         |                  |          |          |
|         |                  |          |          |
|         |                  |          |          |
|         |                  |          |          |
|         |                  |          |          |
|         |                  |          |          |
|         |                  |          |          |
|         |                  |          |          |
|         |                  |          |          |
|         |                  |          |          |
|         |                  |          |          |
|         |                  |          |          |
|         |                  |          |          |
|         |                  |          |          |
|         |                  |          |          |
|         |                  |          |          |
|         |                  |          |          |
|         |                  |          |          |
|         |                  |          |          |
|         |                  |          |          |
|         |                  |          |          |
|         |                  |          |          |
|         |                  |          |          |

# INVENTORY LOGBOOK

Sheet No. _____ Counted By: _____ Date: _____

| ITEM NO | ITEM DESCRIPTION | LOCATION | QUANTITY |
|---|---|---|---|
| | | | |
| | | | |
| | | | |
| | | | |
| | | | |
| | | | |
| | | | |
| | | | |
| | | | |
| | | | |
| | | | |
| | | | |
| | | | |
| | | | |
| | | | |
| | | | |
| | | | |
| | | | |
| | | | |
| | | | |
| | | | |
| | | | |
| | | | |
| | | | |
| | | | |
| | | | |
| | | | |

# INVENTORY LOGBOOK

Sheet No. _____ Counted By: _____ Date: _____

| ITEM NO | ITEM DESCRIPTION | LOCATION | QUANTITY |
|---|---|---|---|
| | | | |
| | | | |
| | | | |
| | | | |
| | | | |
| | | | |
| | | | |
| | | | |
| | | | |
| | | | |
| | | | |
| | | | |
| | | | |
| | | | |
| | | | |
| | | | |
| | | | |
| | | | |
| | | | |
| | | | |
| | | | |
| | | | |
| | | | |
| | | | |
| | | | |
| | | | |
| | | | |
| | | | |

# INVENTORY LOGBOOK

Sheet No. _____ Counted By: _____ Date: _____

| ITEM NO | ITEM DESCRIPTION | LOCATION | QUANTITY |
|---|---|---|---|
| | | | |
| | | | |
| | | | |
| | | | |
| | | | |
| | | | |
| | | | |
| | | | |
| | | | |
| | | | |
| | | | |
| | | | |
| | | | |
| | | | |
| | | | |
| | | | |
| | | | |
| | | | |
| | | | |
| | | | |
| | | | |
| | | | |
| | | | |
| | | | |
| | | | |
| | | | |

# INVENTORY LOGBOOK

Sheet No. _____ Counted By: _____ Date: _____

| ITEM NO | ITEM DESCRIPTION | LOCATION | QUANTITY |
|---------|------------------|----------|----------|
|         |                  |          |          |
|         |                  |          |          |
|         |                  |          |          |
|         |                  |          |          |
|         |                  |          |          |
|         |                  |          |          |
|         |                  |          |          |
|         |                  |          |          |
|         |                  |          |          |
|         |                  |          |          |
|         |                  |          |          |
|         |                  |          |          |
|         |                  |          |          |
|         |                  |          |          |
|         |                  |          |          |
|         |                  |          |          |
|         |                  |          |          |
|         |                  |          |          |
|         |                  |          |          |
|         |                  |          |          |
|         |                  |          |          |
|         |                  |          |          |
|         |                  |          |          |
|         |                  |          |          |
|         |                  |          |          |

# INVENTORY LOGBOOK

Sheet No. _____ Counted By: _____ Date: _____

| ITEM NO | ITEM DESCRIPTION | LOCATION | QUANTITY |
|---|---|---|---|
| | | | |
| | | | |
| | | | |
| | | | |
| | | | |
| | | | |
| | | | |
| | | | |
| | | | |
| | | | |
| | | | |
| | | | |
| | | | |
| | | | |
| | | | |
| | | | |
| | | | |
| | | | |
| | | | |
| | | | |
| | | | |
| | | | |
| | | | |
| | | | |
| | | | |
| | | | |

# INVENTORY LOGBOOK

Sheet No. _____ Counted By: _____ Date: _____

| ITEM NO | ITEM DESCRIPTION | LOCATION | QUANTITY |
|---------|------------------|----------|----------|
|         |                  |          |          |
|         |                  |          |          |
|         |                  |          |          |
|         |                  |          |          |
|         |                  |          |          |
|         |                  |          |          |
|         |                  |          |          |
|         |                  |          |          |
|         |                  |          |          |
|         |                  |          |          |
|         |                  |          |          |
|         |                  |          |          |
|         |                  |          |          |
|         |                  |          |          |
|         |                  |          |          |
|         |                  |          |          |
|         |                  |          |          |
|         |                  |          |          |
|         |                  |          |          |
|         |                  |          |          |
|         |                  |          |          |
|         |                  |          |          |
|         |                  |          |          |
|         |                  |          |          |
|         |                  |          |          |

# INVENTORY LOGBOOK

Sheet No. _____ Counted By: _____ Date: _____

| ITEM NO | ITEM DESCRIPTION | LOCATION | QUANTITY |
|---|---|---|---|
| | | | |
| | | | |
| | | | |
| | | | |
| | | | |
| | | | |
| | | | |
| | | | |
| | | | |
| | | | |
| | | | |
| | | | |
| | | | |
| | | | |
| | | | |
| | | | |
| | | | |
| | | | |
| | | | |
| | | | |
| | | | |
| | | | |
| | | | |
| | | | |
| | | | |
| | | | |

# INVENTORY LOGBOOK

Sheet No. _____  Counted By: _____  Date: _____

| ITEM NO | ITEM DESCRIPTION | LOCATION | QUANTITY |
|---------|------------------|----------|----------|
|         |                  |          |          |
|         |                  |          |          |
|         |                  |          |          |
|         |                  |          |          |
|         |                  |          |          |
|         |                  |          |          |
|         |                  |          |          |
|         |                  |          |          |
|         |                  |          |          |
|         |                  |          |          |
|         |                  |          |          |
|         |                  |          |          |
|         |                  |          |          |
|         |                  |          |          |
|         |                  |          |          |
|         |                  |          |          |
|         |                  |          |          |
|         |                  |          |          |
|         |                  |          |          |
|         |                  |          |          |
|         |                  |          |          |
|         |                  |          |          |
|         |                  |          |          |
|         |                  |          |          |
|         |                  |          |          |
|         |                  |          |          |
|         |                  |          |          |
|         |                  |          |          |

# INVENTORY LOGBOOK

Sheet No. _____ Counted By: _____ Date: _____

| ITEM NO | ITEM DESCRIPTION | LOCATION | QUANTITY |
|---------|------------------|----------|----------|
| | | | |
| | | | |
| | | | |
| | | | |
| | | | |
| | | | |
| | | | |
| | | | |
| | | | |
| | | | |
| | | | |
| | | | |
| | | | |
| | | | |
| | | | |
| | | | |
| | | | |
| | | | |
| | | | |
| | | | |
| | | | |
| | | | |
| | | | |
| | | | |
| | | | |
| | | | |
| | | | |

# INVENTORY LOGBOOK

Sheet No. _____ Counted By: _____ Date: _____

| ITEM NO | ITEM DESCRIPTION | LOCATION | QUANTITY |
|---|---|---|---|
| | | | |
| | | | |
| | | | |
| | | | |
| | | | |
| | | | |
| | | | |
| | | | |
| | | | |
| | | | |
| | | | |
| | | | |
| | | | |
| | | | |
| | | | |
| | | | |
| | | | |
| | | | |
| | | | |
| | | | |
| | | | |
| | | | |
| | | | |
| | | | |
| | | | |
| | | | |
| | | | |
| | | | |

# INVENTORY LOGBOOK

Sheet No. _____ Counted By: _____ Date: _____

| ITEM NO | ITEM DESCRIPTION | LOCATION | QUANTITY |
|---|---|---|---|
| | | | |
| | | | |
| | | | |
| | | | |
| | | | |
| | | | |
| | | | |
| | | | |
| | | | |
| | | | |
| | | | |
| | | | |
| | | | |
| | | | |
| | | | |
| | | | |
| | | | |
| | | | |
| | | | |
| | | | |
| | | | |
| | | | |
| | | | |
| | | | |
| | | | |
| | | | |

# INVENTORY LOGBOOK

Sheet No. _____ Counted By: _____ Date: _____

| ITEM NO | ITEM DESCRIPTION | LOCATION | QUANTITY |
|---------|------------------|----------|----------|
|         |                  |          |          |
|         |                  |          |          |
|         |                  |          |          |
|         |                  |          |          |
|         |                  |          |          |
|         |                  |          |          |
|         |                  |          |          |
|         |                  |          |          |
|         |                  |          |          |
|         |                  |          |          |
|         |                  |          |          |
|         |                  |          |          |
|         |                  |          |          |
|         |                  |          |          |
|         |                  |          |          |
|         |                  |          |          |
|         |                  |          |          |
|         |                  |          |          |
|         |                  |          |          |
|         |                  |          |          |
|         |                  |          |          |
|         |                  |          |          |
|         |                  |          |          |
|         |                  |          |          |
|         |                  |          |          |

# INVENTORY LOGBOOK

Sheet No. _____ Counted By: _____ Date: _____

| ITEM NO | ITEM DESCRIPTION | LOCATION | QUANTITY |
|---|---|---|---|
| | | | |
| | | | |
| | | | |
| | | | |
| | | | |
| | | | |
| | | | |
| | | | |
| | | | |
| | | | |
| | | | |
| | | | |
| | | | |
| | | | |
| | | | |
| | | | |
| | | | |
| | | | |
| | | | |
| | | | |
| | | | |
| | | | |
| | | | |
| | | | |
| | | | |
| | | | |

# INVENTORY LOGBOOK

Sheet No. _____ Counted By: _____ Date: _____

| ITEM NO | ITEM DESCRIPTION | LOCATION | QUANTITY |
|---|---|---|---|
| | | | |
| | | | |
| | | | |
| | | | |
| | | | |
| | | | |
| | | | |
| | | | |
| | | | |
| | | | |
| | | | |
| | | | |
| | | | |
| | | | |
| | | | |
| | | | |
| | | | |
| | | | |
| | | | |
| | | | |
| | | | |
| | | | |
| | | | |
| | | | |
| | | | |
| | | | |

# INVENTORY LOGBOOK

Sheet No. _____ Counted By: _____ Date: _____

| ITEM NO | ITEM DESCRIPTION | LOCATION | QUANTITY |
|---|---|---|---|
| | | | |
| | | | |
| | | | |
| | | | |
| | | | |
| | | | |
| | | | |
| | | | |
| | | | |
| | | | |
| | | | |
| | | | |
| | | | |
| | | | |
| | | | |
| | | | |
| | | | |
| | | | |
| | | | |
| | | | |
| | | | |
| | | | |
| | | | |
| | | | |
| | | | |
| | | | |
| | | | |

# INVENTORY LOGBOOK

Sheet No. _____ Counted By: _____ Date: _____

| ITEM NO | ITEM DESCRIPTION | LOCATION | QUANTITY |
|---------|------------------|----------|----------|
|         |                  |          |          |
|         |                  |          |          |
|         |                  |          |          |
|         |                  |          |          |
|         |                  |          |          |
|         |                  |          |          |
|         |                  |          |          |
|         |                  |          |          |
|         |                  |          |          |
|         |                  |          |          |
|         |                  |          |          |
|         |                  |          |          |
|         |                  |          |          |
|         |                  |          |          |
|         |                  |          |          |
|         |                  |          |          |
|         |                  |          |          |
|         |                  |          |          |
|         |                  |          |          |
|         |                  |          |          |
|         |                  |          |          |
|         |                  |          |          |
|         |                  |          |          |
|         |                  |          |          |
|         |                  |          |          |

# INVENTORY LOGBOOK

Sheet No. _____ Counted By: _____ Date: _____

| ITEM NO | ITEM DESCRIPTION | LOCATION | QUANTITY |
|---------|------------------|----------|----------|
|         |                  |          |          |
|         |                  |          |          |
|         |                  |          |          |
|         |                  |          |          |
|         |                  |          |          |
|         |                  |          |          |
|         |                  |          |          |
|         |                  |          |          |
|         |                  |          |          |
|         |                  |          |          |
|         |                  |          |          |
|         |                  |          |          |
|         |                  |          |          |
|         |                  |          |          |
|         |                  |          |          |
|         |                  |          |          |
|         |                  |          |          |
|         |                  |          |          |
|         |                  |          |          |
|         |                  |          |          |
|         |                  |          |          |
|         |                  |          |          |
|         |                  |          |          |
|         |                  |          |          |
|         |                  |          |          |

# INVENTORY LOGBOOK

Sheet No. _____ Counted By: _____ Date: _____

| ITEM NO | ITEM DESCRIPTION | LOCATION | QUANTITY |
|---------|------------------|----------|----------|
|         |                  |          |          |
|         |                  |          |          |
|         |                  |          |          |
|         |                  |          |          |
|         |                  |          |          |
|         |                  |          |          |
|         |                  |          |          |
|         |                  |          |          |
|         |                  |          |          |
|         |                  |          |          |
|         |                  |          |          |
|         |                  |          |          |
|         |                  |          |          |
|         |                  |          |          |
|         |                  |          |          |
|         |                  |          |          |
|         |                  |          |          |
|         |                  |          |          |
|         |                  |          |          |
|         |                  |          |          |
|         |                  |          |          |
|         |                  |          |          |
|         |                  |          |          |
|         |                  |          |          |

# INVENTORY LOGBOOK

Sheet No. _____ Counted By: _____ Date: _____

| ITEM NO | ITEM DESCRIPTION | LOCATION | QUANTITY |
|---------|------------------|----------|----------|
|         |                  |          |          |
|         |                  |          |          |
|         |                  |          |          |
|         |                  |          |          |
|         |                  |          |          |
|         |                  |          |          |
|         |                  |          |          |
|         |                  |          |          |
|         |                  |          |          |
|         |                  |          |          |
|         |                  |          |          |
|         |                  |          |          |
|         |                  |          |          |
|         |                  |          |          |
|         |                  |          |          |
|         |                  |          |          |
|         |                  |          |          |
|         |                  |          |          |
|         |                  |          |          |
|         |                  |          |          |
|         |                  |          |          |
|         |                  |          |          |
|         |                  |          |          |
|         |                  |          |          |
|         |                  |          |          |

# INVENTORY LOGBOOK

Sheet No. _____ Counted By: _____ Date: _____

| ITEM NO | ITEM DESCRIPTION | LOCATION | QUANTITY |
|---------|------------------|----------|----------|
|         |                  |          |          |
|         |                  |          |          |
|         |                  |          |          |
|         |                  |          |          |
|         |                  |          |          |
|         |                  |          |          |
|         |                  |          |          |
|         |                  |          |          |
|         |                  |          |          |
|         |                  |          |          |
|         |                  |          |          |
|         |                  |          |          |
|         |                  |          |          |
|         |                  |          |          |
|         |                  |          |          |
|         |                  |          |          |
|         |                  |          |          |
|         |                  |          |          |
|         |                  |          |          |
|         |                  |          |          |
|         |                  |          |          |
|         |                  |          |          |
|         |                  |          |          |
|         |                  |          |          |
|         |                  |          |          |
|         |                  |          |          |

# INVENTORY LOGBOOK

Sheet No. _____ Counted By: _____ Date: _____

| ITEM NO | ITEM DESCRIPTION | LOCATION | QUANTITY |
|---|---|---|---|
| | | | |
| | | | |
| | | | |
| | | | |
| | | | |
| | | | |
| | | | |
| | | | |
| | | | |
| | | | |
| | | | |
| | | | |
| | | | |
| | | | |
| | | | |
| | | | |
| | | | |
| | | | |
| | | | |
| | | | |
| | | | |
| | | | |
| | | | |
| | | | |
| | | | |

# INVENTORY LOGBOOK

Sheet No. _____ Counted By: _____ Date: _____

| ITEM NO | ITEM DESCRIPTION | LOCATION | QUANTITY |
|---|---|---|---|
| | | | |
| | | | |
| | | | |
| | | | |
| | | | |
| | | | |
| | | | |
| | | | |
| | | | |
| | | | |
| | | | |
| | | | |
| | | | |
| | | | |
| | | | |
| | | | |
| | | | |
| | | | |
| | | | |
| | | | |
| | | | |
| | | | |
| | | | |
| | | | |
| | | | |

# INVENTORY LOGBOOK

Sheet No. _____ Counted By: _____ Date: _____

| ITEM NO | ITEM DESCRIPTION | LOCATION | QUANTITY |
|---|---|---|---|
| | | | |
| | | | |
| | | | |
| | | | |
| | | | |
| | | | |
| | | | |
| | | | |
| | | | |
| | | | |
| | | | |
| | | | |
| | | | |
| | | | |
| | | | |
| | | | |
| | | | |
| | | | |
| | | | |
| | | | |
| | | | |
| | | | |
| | | | |
| | | | |
| | | | |
| | | | |
| | | | |
| | | | |
| | | | |

# INVENTORY LOGBOOK

Sheet No. _____ Counted By: _____ Date: _____

| ITEM NO | ITEM DESCRIPTION | LOCATION | QUANTITY |
|---|---|---|---|
| | | | |
| | | | |
| | | | |
| | | | |
| | | | |
| | | | |
| | | | |
| | | | |
| | | | |
| | | | |
| | | | |
| | | | |
| | | | |
| | | | |
| | | | |
| | | | |
| | | | |
| | | | |
| | | | |
| | | | |
| | | | |
| | | | |
| | | | |
| | | | |
| | | | |
| | | | |
| | | | |

# INVENTORY LOGBOOK

Sheet No. _____ Counted By: _____ Date: _____

| ITEM NO | ITEM DESCRIPTION | LOCATION | QUANTITY |
|---------|------------------|----------|----------|
|         |                  |          |          |
|         |                  |          |          |
|         |                  |          |          |
|         |                  |          |          |
|         |                  |          |          |
|         |                  |          |          |
|         |                  |          |          |
|         |                  |          |          |
|         |                  |          |          |
|         |                  |          |          |
|         |                  |          |          |
|         |                  |          |          |
|         |                  |          |          |
|         |                  |          |          |
|         |                  |          |          |
|         |                  |          |          |
|         |                  |          |          |
|         |                  |          |          |
|         |                  |          |          |
|         |                  |          |          |
|         |                  |          |          |
|         |                  |          |          |
|         |                  |          |          |
|         |                  |          |          |
|         |                  |          |          |
|         |                  |          |          |
|         |                  |          |          |
|         |                  |          |          |
|         |                  |          |          |

# INVENTORY LOGBOOK

Sheet No. _____ Counted By: _____ Date: _____

| ITEM NO | ITEM DESCRIPTION | LOCATION | QUANTITY |
|---------|------------------|----------|----------|
|         |                  |          |          |
|         |                  |          |          |
|         |                  |          |          |
|         |                  |          |          |
|         |                  |          |          |
|         |                  |          |          |
|         |                  |          |          |
|         |                  |          |          |
|         |                  |          |          |
|         |                  |          |          |
|         |                  |          |          |
|         |                  |          |          |
|         |                  |          |          |
|         |                  |          |          |
|         |                  |          |          |
|         |                  |          |          |
|         |                  |          |          |
|         |                  |          |          |
|         |                  |          |          |
|         |                  |          |          |
|         |                  |          |          |
|         |                  |          |          |
|         |                  |          |          |
|         |                  |          |          |
|         |                  |          |          |

# INVENTORY LOGBOOK

Sheet No. _____ Counted By: _____ Date: _____

| ITEM NO | ITEM DESCRIPTION | LOCATION | QUANTITY |
|---|---|---|---|
| | | | |
| | | | |
| | | | |
| | | | |
| | | | |
| | | | |
| | | | |
| | | | |
| | | | |
| | | | |
| | | | |
| | | | |
| | | | |
| | | | |
| | | | |
| | | | |
| | | | |
| | | | |
| | | | |
| | | | |
| | | | |
| | | | |
| | | | |
| | | | |
| | | | |
| | | | |

# INVENTORY LOGBOOK

Sheet No. _____ Counted By: _____ Date: _____

| ITEM NO | ITEM DESCRIPTION | LOCATION | QUANTITY |
|---------|------------------|----------|----------|
|         |                  |          |          |
|         |                  |          |          |
|         |                  |          |          |
|         |                  |          |          |
|         |                  |          |          |
|         |                  |          |          |
|         |                  |          |          |
|         |                  |          |          |
|         |                  |          |          |
|         |                  |          |          |
|         |                  |          |          |
|         |                  |          |          |
|         |                  |          |          |
|         |                  |          |          |
|         |                  |          |          |
|         |                  |          |          |
|         |                  |          |          |
|         |                  |          |          |
|         |                  |          |          |
|         |                  |          |          |
|         |                  |          |          |
|         |                  |          |          |
|         |                  |          |          |
|         |                  |          |          |
|         |                  |          |          |
|         |                  |          |          |
|         |                  |          |          |

# INVENTORY LOGBOOK

Sheet No. _____ Counted By: _____ Date: _____

| ITEM NO | ITEM DESCRIPTION | LOCATION | QUANTITY |
|---|---|---|---|
| | | | |
| | | | |
| | | | |
| | | | |
| | | | |
| | | | |
| | | | |
| | | | |
| | | | |
| | | | |
| | | | |
| | | | |
| | | | |
| | | | |
| | | | |
| | | | |
| | | | |
| | | | |
| | | | |
| | | | |
| | | | |
| | | | |
| | | | |
| | | | |
| | | | |
| | | | |
| | | | |

# INVENTORY LOGBOOK

Sheet No. _____ Counted By: _____ Date: _____

| ITEM NO | ITEM DESCRIPTION | LOCATION | QUANTITY |
|---------|------------------|----------|----------|
|         |                  |          |          |
|         |                  |          |          |
|         |                  |          |          |
|         |                  |          |          |
|         |                  |          |          |
|         |                  |          |          |
|         |                  |          |          |
|         |                  |          |          |
|         |                  |          |          |
|         |                  |          |          |
|         |                  |          |          |
|         |                  |          |          |
|         |                  |          |          |
|         |                  |          |          |
|         |                  |          |          |
|         |                  |          |          |
|         |                  |          |          |
|         |                  |          |          |
|         |                  |          |          |
|         |                  |          |          |
|         |                  |          |          |
|         |                  |          |          |
|         |                  |          |          |
|         |                  |          |          |
|         |                  |          |          |

# INVENTORY LOGBOOK

Sheet No. _____ Counted By: _____ Date: _____

| ITEM NO | ITEM DESCRIPTION | LOCATION | QUANTITY |
|---------|------------------|----------|----------|
|         |                  |          |          |
|         |                  |          |          |
|         |                  |          |          |
|         |                  |          |          |
|         |                  |          |          |
|         |                  |          |          |
|         |                  |          |          |
|         |                  |          |          |
|         |                  |          |          |
|         |                  |          |          |
|         |                  |          |          |
|         |                  |          |          |
|         |                  |          |          |
|         |                  |          |          |
|         |                  |          |          |
|         |                  |          |          |
|         |                  |          |          |
|         |                  |          |          |
|         |                  |          |          |
|         |                  |          |          |
|         |                  |          |          |
|         |                  |          |          |
|         |                  |          |          |
|         |                  |          |          |
|         |                  |          |          |
|         |                  |          |          |

# INVENTORY LOGBOOK

Sheet No. _____ Counted By: _____ Date: _____

| ITEM NO | ITEM DESCRIPTION | LOCATION | QUANTITY |
|---|---|---|---|
| | | | |
| | | | |
| | | | |
| | | | |
| | | | |
| | | | |
| | | | |
| | | | |
| | | | |
| | | | |
| | | | |
| | | | |
| | | | |
| | | | |
| | | | |
| | | | |
| | | | |
| | | | |
| | | | |
| | | | |
| | | | |
| | | | |
| | | | |
| | | | |
| | | | |
| | | | |

# INVENTORY LOGBOOK

Sheet No. _____ Counted By: _____ Date: _____

| ITEM NO | ITEM DESCRIPTION | LOCATION | QUANTITY |
|---|---|---|---|
| | | | |
| | | | |
| | | | |
| | | | |
| | | | |
| | | | |
| | | | |
| | | | |
| | | | |
| | | | |
| | | | |
| | | | |
| | | | |
| | | | |
| | | | |
| | | | |
| | | | |
| | | | |
| | | | |
| | | | |
| | | | |
| | | | |
| | | | |
| | | | |
| | | | |
| | | | |

# INVENTORY LOGBOOK

Sheet No. _____ Counted By: _____ Date: _____

| ITEM NO | ITEM DESCRIPTION | LOCATION | QUANTITY |
|---------|------------------|----------|----------|
| | | | |
| | | | |
| | | | |
| | | | |
| | | | |
| | | | |
| | | | |
| | | | |
| | | | |
| | | | |
| | | | |
| | | | |
| | | | |
| | | | |
| | | | |
| | | | |
| | | | |
| | | | |
| | | | |
| | | | |
| | | | |
| | | | |
| | | | |
| | | | |
| | | | |
| | | | |
| | | | |

# INVENTORY LOGBOOK

Sheet No. _____ Counted By: _____ Date: _____

| ITEM NO | ITEM DESCRIPTION | LOCATION | QUANTITY |
|---------|------------------|----------|----------|
|         |                  |          |          |
|         |                  |          |          |
|         |                  |          |          |
|         |                  |          |          |
|         |                  |          |          |
|         |                  |          |          |
|         |                  |          |          |
|         |                  |          |          |
|         |                  |          |          |
|         |                  |          |          |
|         |                  |          |          |
|         |                  |          |          |
|         |                  |          |          |
|         |                  |          |          |
|         |                  |          |          |
|         |                  |          |          |
|         |                  |          |          |
|         |                  |          |          |
|         |                  |          |          |
|         |                  |          |          |
|         |                  |          |          |
|         |                  |          |          |
|         |                  |          |          |
|         |                  |          |          |
|         |                  |          |          |
|         |                  |          |          |
|         |                  |          |          |
|         |                  |          |          |

# INVENTORY LOGBOOK

Sheet No. _____ Counted By: _____ Date: _____

| ITEM NO | ITEM DESCRIPTION | LOCATION | QUANTITY |
|---------|------------------|----------|----------|
|         |                  |          |          |
|         |                  |          |          |
|         |                  |          |          |
|         |                  |          |          |
|         |                  |          |          |
|         |                  |          |          |
|         |                  |          |          |
|         |                  |          |          |
|         |                  |          |          |
|         |                  |          |          |
|         |                  |          |          |
|         |                  |          |          |
|         |                  |          |          |
|         |                  |          |          |
|         |                  |          |          |
|         |                  |          |          |
|         |                  |          |          |
|         |                  |          |          |
|         |                  |          |          |
|         |                  |          |          |
|         |                  |          |          |
|         |                  |          |          |
|         |                  |          |          |
|         |                  |          |          |
|         |                  |          |          |

# INVENTORY LOGBOOK

Sheet No. _____ Counted By: _____ Date: _____

| ITEM NO | ITEM DESCRIPTION | LOCATION | QUANTITY |
|---------|------------------|----------|----------|
|         |                  |          |          |
|         |                  |          |          |
|         |                  |          |          |
|         |                  |          |          |
|         |                  |          |          |
|         |                  |          |          |
|         |                  |          |          |
|         |                  |          |          |
|         |                  |          |          |
|         |                  |          |          |
|         |                  |          |          |
|         |                  |          |          |
|         |                  |          |          |
|         |                  |          |          |
|         |                  |          |          |
|         |                  |          |          |
|         |                  |          |          |
|         |                  |          |          |
|         |                  |          |          |
|         |                  |          |          |
|         |                  |          |          |
|         |                  |          |          |
|         |                  |          |          |
|         |                  |          |          |
|         |                  |          |          |
|         |                  |          |          |
|         |                  |          |          |
|         |                  |          |          |
|         |                  |          |          |
|         |                  |          |          |

# INVENTORY LOGBOOK

Sheet No. _____ Counted By: _____ Date: _____

| ITEM NO | ITEM DESCRIPTION | LOCATION | QUANTITY |
|---------|------------------|----------|----------|
|         |                  |          |          |
|         |                  |          |          |
|         |                  |          |          |
|         |                  |          |          |
|         |                  |          |          |
|         |                  |          |          |
|         |                  |          |          |
|         |                  |          |          |
|         |                  |          |          |
|         |                  |          |          |
|         |                  |          |          |
|         |                  |          |          |
|         |                  |          |          |
|         |                  |          |          |
|         |                  |          |          |
|         |                  |          |          |
|         |                  |          |          |
|         |                  |          |          |
|         |                  |          |          |
|         |                  |          |          |
|         |                  |          |          |
|         |                  |          |          |
|         |                  |          |          |
|         |                  |          |          |
|         |                  |          |          |

# INVENTORY LOGBOOK

Sheet No. _____ Counted By: _____ Date: _____

| ITEM NO | ITEM DESCRIPTION | LOCATION | QUANTITY |
|---|---|---|---|
| | | | |
| | | | |
| | | | |
| | | | |
| | | | |
| | | | |
| | | | |
| | | | |
| | | | |
| | | | |
| | | | |
| | | | |
| | | | |
| | | | |
| | | | |
| | | | |
| | | | |
| | | | |
| | | | |
| | | | |
| | | | |
| | | | |
| | | | |
| | | | |
| | | | |
| | | | |
| | | | |

# INVENTORY LOGBOOK

Sheet No. _____ Counted By: _____ Date: _____

| ITEM NO | ITEM DESCRIPTION | LOCATION | QUANTITY |
|---------|------------------|----------|----------|
|         |                  |          |          |
|         |                  |          |          |
|         |                  |          |          |
|         |                  |          |          |
|         |                  |          |          |
|         |                  |          |          |
|         |                  |          |          |
|         |                  |          |          |
|         |                  |          |          |
|         |                  |          |          |
|         |                  |          |          |
|         |                  |          |          |
|         |                  |          |          |
|         |                  |          |          |
|         |                  |          |          |
|         |                  |          |          |
|         |                  |          |          |
|         |                  |          |          |
|         |                  |          |          |
|         |                  |          |          |
|         |                  |          |          |
|         |                  |          |          |
|         |                  |          |          |
|         |                  |          |          |
|         |                  |          |          |
|         |                  |          |          |

# INVENTORY LOGBOOK

Sheet No. _____ Counted By: _____ Date: _____

| ITEM NO | ITEM DESCRIPTION | LOCATION | QUANTITY |
|---------|------------------|----------|----------|
|         |                  |          |          |
|         |                  |          |          |
|         |                  |          |          |
|         |                  |          |          |
|         |                  |          |          |
|         |                  |          |          |
|         |                  |          |          |
|         |                  |          |          |
|         |                  |          |          |
|         |                  |          |          |
|         |                  |          |          |
|         |                  |          |          |
|         |                  |          |          |
|         |                  |          |          |
|         |                  |          |          |
|         |                  |          |          |
|         |                  |          |          |
|         |                  |          |          |
|         |                  |          |          |
|         |                  |          |          |
|         |                  |          |          |
|         |                  |          |          |
|         |                  |          |          |
|         |                  |          |          |
|         |                  |          |          |
|         |                  |          |          |
|         |                  |          |          |
|         |                  |          |          |
|         |                  |          |          |

# INVENTORY LOGBOOK

Sheet No. _____ Counted By: _____ Date: _____

| ITEM NO | ITEM DESCRIPTION | LOCATION | QUANTITY |
|---------|------------------|----------|----------|
|         |                  |          |          |
|         |                  |          |          |
|         |                  |          |          |
|         |                  |          |          |
|         |                  |          |          |
|         |                  |          |          |
|         |                  |          |          |
|         |                  |          |          |
|         |                  |          |          |
|         |                  |          |          |
|         |                  |          |          |
|         |                  |          |          |
|         |                  |          |          |
|         |                  |          |          |
|         |                  |          |          |
|         |                  |          |          |
|         |                  |          |          |
|         |                  |          |          |
|         |                  |          |          |
|         |                  |          |          |
|         |                  |          |          |
|         |                  |          |          |
|         |                  |          |          |
|         |                  |          |          |
|         |                  |          |          |
|         |                  |          |          |
|         |                  |          |          |

www.ingramcontent.com/pod-product-compliance
Lightning Source LLC
Chambersburg PA
CBHW081126230125
20758CB00024B/343